ÉTIENNE KLEIN

LE GOÛT DU VRAI

W0369282

TRACTS
GALLIMARD

3,90€ / **N°17**

« Le concept de “vérité”, compris comme dépendant de faits qui dépassent largement le contrôle humain, a été l’une des voies par lesquelles la philosophie a, jusqu’ici, inculqué la dose nécessaire d’humilité. »

Bertrand Russell

TRACTS.GALLIMARD.FR

DIRECTEUR DE LA PUBLICATION : **ANTOINE GALLIMARD**

DIRECTION ÉDITORIALE : **ALBAN CERISIER**
ALBAN.CERISIER@GALLIMARD.FR

GALLIMARD • 5 RUE GASTON-GALLIMARD 75007 PARIS • FRANCE
WWW.GALLIMARD.FR

La philosophie des Lumières défendait l'idée que la souveraineté d'un peuple libre se heurte à une limite, celle de la vérité, sur laquelle elle ne saurait avoir de prise. David Hume écrit en 1742 : « Même si le genre humain tout entier concluait de manière définitive que le Soleil se meut et que la Terre demeure en repos, en dépit de ces raisonnements, le Soleil ne bougerait pas d'un pouce de sa place et ces conclusions resteraient fausses et erronées à jamais[1]. » Les vérités scientifiques, nous dit en somme le philosophe écossais, ne sauraient relever d'un vote. La crise sanitaire que nous traversons a toutefois montré avec éclat que nous n'avons guère retenu la leçon.

1. David Hume, *Le Sceptique*, dans *Essais moraux, politiques et littéraires*, Alive, 1999, p. 215.

1. COMME UN TROUBLE DANS LES ESPRITS

« Il est difficile de dire la vérité, car il n'y en a qu'une, mais elle est vivante, et a par conséquent un visage changeant. »

Franz Kafka

Le 5 avril dernier, alors qu'aucune étude thérapeutique n'avait encore eu le temps d'aboutir, *Le Parisien* publiait les résultats d'un sondage abracadabrantesque. À la question : « D'après vous, tel médicament est-il efficace contre le coronavirus ? », 59 % des personnes interrogées répondaient oui, 20 % non. Seuls 21 % des sondés déclaraient qu'ils ne savaient pas. L'immense majorité (80 %) affirmait donc savoir ce que personne ne savait encore...

Certes révélatrice sur nos systèmes de croyances, sur notre promptitude à nous considérer experts, une enquête de ce type ne dit strictement rien de l'efficacité thérapeutique dudit traitement. Elle ne fait qu'embrouiller les choses et troubler les esprits.

Tant s'en faut que je souhaite restreindre notre liberté de croire ou de penser. Mais il me semble important de pointer quatre biais qui la contaminent à notre insu et s'amplifient par interférences mutuelles.

Primo : la tendance à accorder davantage de crédit aux thèses qui nous plaisent qu'à celles qui nous déplaisent. Sans aller y voir de trop près, nous adhérons spontanément aux « vérités » qui répondent à nos vœux, rejetant les autres d'un revers de main. Gouvernés par nos émotions, notre *feeling*, nous prenons nos désirs pour des réalités. Et tant pis pour les faits ou les arguments qui viendraient à nous démentir.

Deuzio : ce que certains appellent plaisamment l'*ipsédixitisme* : « dès lors que le maître lui-même l'a dit (*ipse dixit*), alors on ne discute pas ». L'autorité que nous accordons à X ou Y nous incline à considérer comme vrais tous les propos qu'il tient, nous dispensant d'exercer notre esprit critique. Dan Sperber qualifie d'« effet gourou[2] » cette sensibilité aux arguments d'autorité. Dans sa forme dégradée, ce travers nous pousse à croire qu'une chose est vraie pour l'unique raison que nous l'avons lue ou entendue.

Tertio : l'*ultracrépidarianisme*, autre néologisme malicieux construit à partir de la locution latine : *Sutor, ne supra crepidam* (« Le cordonnier doit s'arrêter au rebord de la chaussure »). Ce mot désigne la tendance, fort répandue, à parler avec assurance de sujets que l'on ne connaît pas.

Quarto : la confiance accordée à l'intuition personnelle, au bon sens, aux évidences apparentes, pour émettre un avis sur des sujets scientifiques. Or non, la gravité ne fait pas tomber les corps lourds plus vite que les corps légers – même si l'on voit bien que les boules de pétanque chutent plus rapidement que les feuilles mortes. Non, le mouvement des corps qui ne sont soumis à aucune force ne s'arrête

2. Dan Sperber (2010), « The Guru Effect », *Review of Philosophy and Psychology*, vol. 1, n° 4, p. 583-592.

jamais – même si notre bicyclette finit par s'immobiliser si nous cessons de pédaler. Non encore, l'eau froide ne gèle pas toujours plus vite que l'eau chaude – alors même que l'eau chaude doit d'abord devenir froide avant de devenir glace[3], etc. La science prend souvent l'intuition à contre-pied, contredit presque toujours le bon sens et n'a que faire de la bureaucratie des apparences. Dans *La Formation de l'esprit scientifique* (car oui, il faut une formation !), Gaston Bachelard expliquait que faire de la science, c'est « penser contre son cerveau ». Expression paradoxale : n'est-ce pas avec son cerveau qu'on pense ? Le philosophe à la barbe « fluviale » entendait par là que l'accès à la science exige une analyse critique de certaines idées, en apparence évidentes, qui campent paresseusement dans notre boîte crânienne. La science réclame de l'audace, celle de s'ouvrir à une autre pensée que la pensée immédiate, afin de provoquer celle-ci, de la tester, voire de la contester. Ouvrez un manuel scientifique, de quelque discipline que ce soit : vous y constaterez que les sciences sont de grosses machines à pulvériser les préjugés et à contredire les interprétations spontanées que nous faisons des phénomènes qui nous entourent.

Le droit des citoyens à poser des questions, à enquêter, à émettre des avis, à interpeller les chercheurs comme les gouvernants, n'en demeure pas moins un droit absolu.

3. En 1963, un lycéen tanzanien, Erasto Mpemba, découvrit que l'eau chaude peut geler plus vite que l'eau froide, du moins dans certaines conditions. On parle depuis de « l'effet Mpemba ».

Et qu'il doit leur être répondu de la façon la plus honnête possible. Mais avoir un avis n'équivaut nullement à connaître la justesse ou la fausseté d'un énoncé scientifique. Les revues scientifiques ne sont certes pas parfaites – il leur arrive de publier des articles contenant des erreurs ou présentant des conclusions biaisées –, mais ni Twitter ni Facebook n'ont vocation à concurrencer *Nature*, encore moins à en tenir lieu, comme ils tendent parfois à le faire ces derniers temps.

Au demeurant, l'indépendance de la vérité scientifique évoquée par Hume n'enlève rien à la liberté individuelle : ni Newton, ni Darwin, ni Einstein n'étaient des dictateurs en puissance. Elle la protège, au contraire, du moins en démocratie. Car lorsque le pouvoir ment, trompe ou se trompe, l'individu peut alors se réclamer de cette vérité pour le contester.

Hume laisse toutefois dans l'ombre un point important : les « vérités de science » ne sont ni absolues ni définitives. Certaines finissent par devenir tout à fait fausses. Par exemple, la théorie du phlogistique, qui postulait au XVIIe siècle que la combustion d'un corps consistait en l'émission par ce corps d'un fluide, le *phlogiston*, a été invalidée par Lavoisier au XVIIIe siècle. Le *phlogiston* n'existe pas. Idem pour l'*éther luminifère*, censé servir de support à la propagation de la lumière, qui rendit l'âme en 1905 après un bon siècle d'existence virtuelle.

Mais d'autres « vérités de science », sans être démenties, peuvent présenter au fil du temps un visage changeant, comme le rappelle Kafka cité en exergue. Ainsi, dans une certaine mesure, il est devenu inexact de dire que la Terre tourne autour du Soleil. Cette formulation laisse en effet entendre que le Soleil occuperait une sorte de « centre », ou constituerait un référentiel au statut particulier, différent des autres. Or, les succès de la théorie de la relativité générale, formulée par Einstein en 1915, l'ont formellement établi : tous les référentiels sont strictement équivalents. En clair, il n'en est pas un dont on pourrait dire qu'il a quelque chose de spécial par rapport aux autres, et cela vaut bien sûr pour le référentiel associé au Soleil. Copernic et Galilée s'étaient-ils pour autant trompés ? Non, pas vraiment : ils avaient apporté, à leur époque, la bonne réponse à une certaine question bien posée. Depuis, des révolutions scientifiques ont bouleversé la façon de comprendre la gravitation, donc la description des phénomènes qu'elle régit.

Comme quoi, lorsqu'on invoque des « vérités de science », il convient d'être précis et prudent dans la façon de les énoncer. Faute de quoi, on ouvre grand la porte à ceux qui ne leur reconnaissent pas ce statut, les traitent par le dédain ou les contestent au nom de leur intuition.

2. L'AUTOPROMOTION DE L'INCULTURE

« C'est la profonde ignorance qui inspire le ton dogmatique. Celui qui ne sait rien croit enseigner aux

autres ce qu'il vient d'apprendre lui-même. Celui qui sait beaucoup pense à peine que ce qu'il dit puisse être ignoré, et parle plus indifféremment.»

Jean de La Bruyère

Certains sujets se prêtent à des discussions passionnées. D'autres non. Nous avons la passion sélective. Dans son *Léviathan* (1651), Thomas Hobbes faisait remarquer que la doctrine du juste et de l'injuste est «perpétuellement disputée, tant par la plume que par l'épée, alors que la doctrine des lignes et des figures ne l'est pas; dans ce domaine en effet, quelle que peut être la vérité, les hommes n'en ont cure car elle ne contrecarre l'ambition, le profit ou la concupiscence de personne. Mais je ne doute pas que, si elle eût été contraire au droit de dominer de quelqu'un, ou aux intérêts de ceux qui dominent, la doctrine selon laquelle les trois angles d'un triangle sont égaux aux deux angles d'un carré eût été, sinon controversée, du moins étouffée par la mise au bûcher de tous les livres de géométrie, pour autant que cela eût dépendu de celui à qui cela importait[4].»

Il est en effet des vérités que nous ne discutons guère. Parce que nous les ignorons, parce qu'elles nous sont parfaitement indifférentes, ou parce qu'elles ne menacent aucun pouvoir installé, aucun intérêt politique ou religieux. C'est notamment le cas pour les vérités d'ordre mathématique:

4. Thomas Hobbes, *Léviathan*, «Révision et conclusion», Sirey, 1971, p. 713.

nul ne s'avisera de nier que le théorème de Pythagore, démontrable de multiples façons, est un énoncé vrai dans un espace euclidien plat (il devient faux dans un espace courbe). Ou qu'il existe bel et bien un nombre infini de nombres premiers, ainsi qu'il est aisé d'en établir la preuve formelle.

C'est également le cas pour certaines découvertes très fondamentales : nul n'est venu contester la détection du fantomatique boson de Higgs faite en 2012. Il est vrai que la révélation de son existence – qui ne dure jamais que 10^{-23} seconde… – ne risquait guère d'ébranler les intérêts matériels ou symboliques de quiconque.

Quant aux résultats scientifiques qui viennent déranger le monde des humains – façons de penser ou modes de vie –, c'est une autre affaire. On assiste de plus en plus souvent à leur dégradation médiatique en simples « opinions », que chacun se sent libre de contester par toutes sortes d'arguments. L'exemple peut venir d'en haut : on se souvient de certain ministre, honorablement connu pour ne pas être climatologue, déclamant à l'envi sur les plateaux de télévision que les découvertes alarmantes sur le changement climatique ne devaient pas être prises au sérieux, la climatologie n'étant pratiquée que par des incompétents.

Aujourd'hui, la tendance à avoir un avis non éclairé sur tout, et à le répandre largement, me semble gagner en puissance. Dans son sillage, elle distille l'idée que la science, surtout lorsqu'elle devient dérangeante, ne relève que d'une croyance parmi d'autres. Elle serait une sorte d'Église émettant des publications comme les papes des bulles, que les non-croyants ont tout lieu non seulement de contester, mais aussi de mitrailler de commentaires à l'emporte-pièce. Ainsi offre-t-on une prime à ceux qui crient le plus fort et s'exhibent le plus.

La pandémie de Covid-19 fut un moment particulièrement édifiant. Pendant quelques mois, nous avons vu se propager une forme très vivace de « populisme scientifique » ou, pour citer le sociologue Gérald Bronner, de « démagogisme cognitif ». Les discours de ce type se caractérisent par la mise en avant de points de vue intuitifs ou purement subjectifs, à l'argumentation succincte et au ton péremptoire, sur toutes sortes de sujets pourtant fort complexes, en l'occurrence la pharmacologie, la virologie, l'épidémiologie ou la statistique. On voit s'y combiner, avec des pondérations variables, les quatre biais identifiés plus haut, à commencer par l'*ultracrépidarianisme*.

Au cours des premières semaines du confinement, à propos du même fameux traitement dont l'efficacité faisait déjà débat – la recherche demande du temps ! –, on a pu lire sous la plume de hauts responsables politiques, dont certains anciens ou anciennes ministres flairant un bon coup à jouer, des déclarations commençant ainsi : « Je ne suis pas médecin, mais je pense que[5]... » S'ensuivaient des

5. Voir Étienne Klein, « *Je ne suis pas médecin, mais je...* » (« Tracts de crise », n° 25, 31 mars 2020), repris dans *Tracts de crise. Un virus et des hommes*, Gallimard, 2020, p. 168.

recommandations fermes, aux allures d'ordonnances, sur les décisions à prendre à propos dudit traitement. Parfois, l'auteur s'abstenait de préciser « je ne suis pas médecin », jugeant sans doute que, par l'effet de quelque sublime grâce, la politique confère à ceux qui la pratiquent une compétence universelle…

L'invocation tonitruante et systématique du « bon sens » – qu'entend-on au juste par-là ? – apparaît, elle aussi, en plein essor et semble en passe de devenir une discipline olympique. Dans la sphère des puissants de ce monde, elle a son champion incontesté en la personne de l'actuel président des États-Unis, qui argue de son seul « instinct » pour juger de ce qu'il en est d'à peu près tout. Sous-entendant que ceux qui réfléchissent, argumentent, hésitent, parfois se trompent – en un mot « cherchent » –, ne font qu'emprunter des détours aussi inutiles que chronophages. Le réel se trouve ainsi modulé en permanence par les productions les plus immédiates du cerveau de Donald Trump, quand il n'est pas purement et simplement nié par l'invention de « faits alternatifs ». En suggérant aux médecins des traitements de son cru, tels que l'eau de javel ou autres produits détergents qu'il est conseillé de boire cul sec, ce *coronavirologue* autoproclamé témoignait qu'au bon sens, il n'est pas de limite. Qui sait, à force de pianoter « *along the stream of consciousness* », selon l'humeur du moment, peut-être nous gratifiera-t-il bientôt d'un tweet annonçant que deux plus deux est égal à cinq pour les grandes valeurs de deux ? Notons que le 18 mai 2020, il a notablement amélioré son record personnel en déclarant à propos de certain médicament, certes moins dangereux que l'eau de javel : « J'ai commencé à en prendre parce que je pense que ça ne peut pas faire de mal, et parce que j'ai entendu beaucoup de bonnes histoires à son sujet... »

Bigre, *ultracrépidarianisme* et *ipsédixitisme* en une seule phrase : que dire, à part « chapeau bas ! » ?

Pour peu que leur égo ait atteint la bonne surdimension, certains, de plus en plus nombreux, accordent aujourd'hui à leur ressenti un crédit suffisant pour trancher d'un simple coup de phrase des questions vertigineusement complexes. Tout en reconnaissant, pour les plus honnêtes d'entre eux, qu'ils n'y connaissent absolument rien.

C'est aussi en cela que notre époque est formidable.

3. SAVOIR CE QUI EST SU ET CE QUI N'EST PAS SU

> « *Le demi-savoir triomphe plus facilement que le savoir complet : il voit les choses plus simples qu'elles ne sont, et par là en donne une idée plus compréhensible et plus convaincante.* »
>
> *Friedrich Nietzsche*

Brandir son non-savoir pour délivrer à la cantonade toutes sortes d'injonctions, telle est la forme la plus manifeste du narcissisme contemporain.

Si les sachants, les spécialistes, les chercheurs ne sont pas vaccinés contre le narcissisme, ils n'ignorent pas, quant à eux, le contenu des savoirs. Et pour cause : ce n'est qu'au prix d'un long et dur labeur qu'ils ont appris à maîtriser leur discipline. Cette connaissance acquise leur permet justement de nommer ce qui fait trou dans la connaissance, de pointer les lacunes que leurs recherches ont pour fin d'inquiéter.

Ce qui ne les exempte en rien des défauts coutumiers à l'homme : mauvaise foi, arrogance, bêtise, cupidité, précipitation, aveuglement, folie (voire *ultracrépidarianisme* !). Comme tout un chacun, les scientifiques peuvent se tromper, subir l'influence des idéologies ou des lobbys, parfois même tricher, de sorte que leurs déclarations quant à la vérité de tel ou tel résultat ne sauraient être prises pour argent comptant. Toujours est-il que, dans leur champ de compétences, ils en savent plutôt davantage que ceux qui en savent moins. Pardon pour le truisme.

N'étant, hélas, pas né de la toute dernière pluie, je n'ignore pas qu'il existe des zones grises, des situations ambivalentes où la vérité, hésitante, parfois même plurielle, prête à controverse. Ce sont alors la prudence et l'humilité qui devraient prévaloir. Je dis bien « devraient »…

Pour être tout à fait franc, je ne connais pas de définition précise de la science, car la science n'est pas une. Les sciences diffèrent entre elles par leurs objets, leurs moyens, leurs méthodologies. Toutefois, qu'il s'agisse de la physique théorique, de la médecine ou de la sociologie, toutes répondent à cette caractérisation, certes imparfaite car autoréférente, mais utile : les sciences progressent par l'organisation *collective* des controverses scientifiques. Elles ne sont pas affaire de proclamations individuelles ni de communiqués autopromotionnels. Pour reprendre les mots de Karl Popper, elles procèdent de « la coopération amicalement hostile des citoyens de la communauté du savoir ». Tout résultat scientifique passe d'abord sous les fourches caudines des « pairs », donnant matière à interprétations, à discussions, voire à d'homériques engueulades. Bien sûr, cela ne met pas à l'abri d'éventuelles erreurs plus ou moins persistantes, mais c'est grâce à cette épreuve liminaire que la science peut finalement prétendre avoir fait parler, de façon à peu près claire, un bout du réel.

Nul résultat de recherche ne tombe directement du ciel : il faut besogneusement aller le chercher en faisant des observations et des mesures, en traquant les incertitudes, les à-peu-près, les biais, les zones d'ombre qui se nichent dans les coins d'une expérience ou d'un calcul. C'est l'ensemble de ces tâches qui représente la phase la plus chronophage de la recherche. Dès lors, en situation de crise et d'incertitudes, telle que l'actuelle pandémie, surgit inévitablement un conflit entre deux temporalités : celle du politique, qui doit prendre des décisions dans l'urgence, et celle de la recherche, qui peut certes accélérer ses protocoles, mais en aucun cas s'affranchir de toute méthodologie, sous peine de briser la branche sur laquelle elle s'est laborieusement hissée.

Il n'est évidemment pas facile pour les chercheurs de résister à la pression qu'exerce sur eux notre impatience. Conscients de ne pas tout savoir, du moins pas encore, au sujet d'un virus qu'ils découvrent à peine, ils font face à des citoyens conscients que leur salut est suspendu aux résultats des études en cours. Cela posé, la seule invocation de l'urgence n'a jamais rendu un traitement encore à l'étude plus efficace ou moins dangereux qu'il n'est en réalité.

En de telles circonstances, notre hâte de savoir crée une demande de conclusions, de certitudes, que les scientifiques ne peuvent satisfaire – puisque, précisément, ils les cherchent. Ainsi se trouvent-ils médiatiquement débordés par ceux qui clament *urbi et orbi* des conclusions simples et tranchées, ô combien plus plaisantes à nos oreilles que leurs discours encore hésitants, parfois maladroits et souvent truffés de conditionnels.

Quand il y a urgence à agir, quels doivent être les rôles respectifs des politiques et des scientifiques ? Aux premiers incombe de tenir la barre et de fixer le cap : c'est donc à eux, et à eux seuls, de prendre des décisions et de les annoncer. Pour ce faire, il leur faut bien sûr tenir compte de ce que les scientifiques savent – *mais aussi* de ce qu'ils ne savent pas. Dès lors, quel est le rôle des scientifiques auprès des gouvernants ? Le juriste Alain Supiot le définit comme un « service de phares et balises » : ils doivent éclairer les politiques, les mettre en garde sur la présence de récifs ou d'écueils – mais sans jamais prendre leur place. Jonglant avec une multiplicité de paramètres, de l'économique au psychologique en passant par le sociétal, la politique ne saurait en effet se résumer à de la médecine appliquée.

Nul besoin d'être sorti major de l'ENA pour comprendre qu'il s'agit d'un exercice d'équilibriste.

4. L'EFFET DUNNING-KRUGER OU L'ART D'ÊTRE À L'AISE

« L'intelligence, c'est la chose la mieux répartie chez les hommes, parce que, quoi qu'il en soit pourvu, l'homme a toujours l'impression d'en avoir assez, vu que c'est avec ça qu'il juge. »

Coluche

Parler avec aplomb de ce qu'on ne connaît pas est la manifestation d'un biais cognitif identifié depuis fort longtemps (Aristote l'évoque à sa façon) et qui fut étudié empiriquement en 1999 par deux psychologues américains, David Dunning et Justin Kruger. L'effet « Dunning-Kruger » s'articule en un double paradoxe : d'une part, pour mesurer son incompétence, il faut être… compétent ! ; d'autre part, l'ignorance rend plus sûr de soi que la connaissance. Ce n'est en effet qu'en creusant une question, en s'informant, en enquêtant sur elle, qu'on la découvre plus complexe qu'on ne l'eût soupçonné. On perd alors son assurance, pour la regagner peu à peu à mesure que l'on devient compétent – mais teintée de prudence, désormais.

L'effet Dunning-Kruger est manifestement dopé par le climat dans lequel vivent aujourd'hui les idées, dont Bernard Williams donne une analyse si pertinente dans *Vérité et véracité, Essai de généalogie* (Gallimard, 2006) que je me réfère souvent à cet ouvrage. Le philosophe britannique y observe dans les sociétés postmodernes telles que la nôtre deux courants de pensée à la fois contradictoires et associés. D'un côté, un attachement intense à la *véracité* : en témoignent le souci de ne pas se laisser tromper, la détermination à crever les apparences pour détecter d'éventuelles motivations cachées derrière les discours officiels. Et, à côté de ce refus – parfaitement légitime – d'être dupe, une défiance tout aussi grande à l'égard de la *vérité* elle-même : celle-ci existe-t-elle vraiment ?, se demande-t-on. Si oui, comment serait-elle autrement que relative, subjective, temporaire, locale, instrumentalisée, culturelle, corporatiste, contextuelle, factice ? Curieusement, note Bernard Williams, ces deux attitudes opposées – désir de véracité, contestation de l'idée même de vérité –, qui devraient en toute logique s'exclure mutuellement, se révèlent en pratique tout à fait compatibles. Elles sont même mécaniquement liées : le désir de véracité enclenche au sein de la société un processus critique généralisé, lequel fait douter que puissent exister, sinon des vérités accessibles, du moins des contre-vérités démontrées.

Si l'exigence de véracité et le déni de vérité marchent main dans la main, ce pas de deux ne va pas sans dommage. Dès lors que vous niez l'existence de la vérité, au service de quelle cause mettez-vous votre désir de véracité ? Pour le dire autrement, en cherchant à percer la façade trompeuse des apparences, à quelle vérité entendez-vous être fidèle ? Au-delà du paradoxe intellectuel qu'elle constitue, la dynamique décrite par Bernard Williams entraîne au sein de la cité des dommages bien concrets. Par elle s'explique en partie l'affaiblissement du crédit accordé à la parole des scientifiques, en même temps que la suspicion généralisée à l'endroit de toute forme d'expression institutionnelle depuis quelques décennies. Se portant sur des cibles elles-mêmes imparfaites et faillibles, donc critiquables par nature, ce doute universel étend aisément son influence sur tous les aspects de la vie des idées, qui donne parfois l'impression de se désintégrer.

En conséquence, même s'il se sait notoirement incompétent, chacun se sent désormais fondé à se dire compétent – « à sa façon ».

5. QUAND L'IDÉE D'AVENIR S'ASSOMBRIT

> « *C'est parce que la catastrophe constitue un destin détestable dont nous devons dire que nous n'en voulons pas qu'il faut garder les yeux fixés sur elle, sans jamais la perdre de vue.* »
>
> *Jean-Pierre Dupuy*

En 1972, le rapport « Meadows » du Club de Rome sonne l'alerte, sur la base de corrélations calculées à partir de données disparates : notre croissance démographique et industrielle mène l'humanité à une sorte d'effondrement, si l'on n'y change rien. Depuis, les perspectives se sont aggravées. Quelque chose dysfonctionne dans nos modes de vie rendus possibles par les technologies, elles-mêmes rendues possibles par les sciences : nous consommons davantage de ressources renouvelables qu'il ne s'en régénère et l'environnement se dégrade à toute vitesse, de mille et une façons. Dès lors, sauf à jouer avec les mots, comment notre développement pourrait-il devenir durablement « durable » ?

L'avenir se dit désormais dans les mots les plus sombres. J'y vois pour symptôme évident le naufrage de l'idée de progrès, comme si l'humanité se considérait désormais en route pour l'abîme – ou plutôt en déroute. Il suffit pour s'en persuader de compter les occurrences : le mot « progrès » a quasiment disparu des discours publics, remplacé par « innovation ». Deux synonymes, pourrait-on objecter. Erreur. À y regarder de plus près, on constate en effet que les discours sur l'innovation se détournent radicalement de la rhétorique du progrès. Il faut innover à tout prix, nous serine-t-on. Mais non pour inventer un autre monde, objectif exaltant ; pour empêcher le délitement de l'actuel, ce qui est nettement moins grisant. Comme si nous étions devenus incapables d'expliciter un dessein commun à la fois attractif et crédible. Crédible, il n'est pas attractif ; attractif, il n'est pas crédible.

De fait, la rhétorique de l'innovation s'appuie sur l'idée d'un temps *corrupteur*, qui abîme les êtres et les situations. Tout en brandissant l'étendard de la nouveauté, elle ne vise qu'à conserver l'état des choses, en aucun cas à le bouleverser. Or, une telle conception tourne le dos à l'esprit des Lumières, pour qui le temps est au contraire *constructeur et complice* de notre liberté – à condition, bien sûr, que nous fassions l'effort d'investir dans une certaine représentation du futur. Aujourd'hui, nous n'accordons plus au temps de telles vertus, peut-être parce que les vérités de science ne nous consolent plus. Apportant leur lot de mauvaises nouvelles, elles nous désenchantent plutôt ou nous inquiètent.

L'idée de science a divorcé avec celle de plaisir. Nietzsche l'avait déjà pressenti il y a plus d'un siècle, qui écrivait à propos de « L'avenir de la science » :

> *La science donne beaucoup de satisfaction à celui qui y consacre son travail et ses recherches, mais fort peu à celui qui en apprend les résultats. Mais comme toutes les vérités importantes de la science ne peuvent que devenir peu à peu banales et communes, même ce peu de satisfaction disparaît : c'est ainsi que nous avons depuis longtemps cessé de trouver le moindre plaisir à apprendre la table de multiplication, pourtant si admirable. Si donc la science donne de moins en moins de plaisir par elle-même et en ôte toujours davantage en jetant la suspicion sur la métaphysique, la religion et l'art qui consolent, voilà appauvrie cette source de plaisir, de toute la plus grande, à laquelle les hommes doivent à peu près toute leur humanité. Aussi une civilisation supérieure devra-t-elle donner un cerveau double à l'homme, quelque chose comme deux compartiments cérébraux, l'un pour être*

> *sensible à la science, l'autre à ce qui n'est pas la science; juxtaposés, sans empiétement, séparables, étanches: c'est là ce qu'exige la santé.* [...]
>
> *Si l'on ne satisfait pas à cette condition de civilisation supérieure, on peut prédire presque à coup sûr le cours que prendra l'évolution humaine: le goût du vrai va disparaître au fur et à mesure qu'il garantira moins de plaisir; l'illusion, l'erreur, la chimère vont reconquérir pas à pas, parce qu'il s'y attache du plaisir, le terrain qu'elles tenaient autrefois: la ruine des sciences, la rechute dans la barbarie en seront la conséquence immédiate; l'humanité devra se remettre à tisser sa toile après l'avoir, telle Pénélope, défaite pendant la nuit. Mais qui nous garantira qu'elle en retrouvera toujours la force?*

Que prophétise l'auteur d'*Humain, trop humain* dans ce texte de 1878? Que le goût du vrai va disparaître à mesure qu'il garantira moins de plaisir. Il me semble que nous y sommes. Certes, plus que jamais, nous clamons notre amour pour la vérité, mais j'ai le sentiment qu'il ne s'agit plus que d'une ritournelle. Car à rebours de nos déclarations ferventes, nous nous montrons plus enclins à déclarer vraies les idées que nous aimons qu'à aimer les idées vraies, surtout si celles-ci nous déplaisent. À ces purges amères, nous préférons substituer des idées plus douces, moins dures à avaler, qui font office de couettes mentales.

Robert Musil décrit ainsi le protagoniste de *L'Homme sans qualités*:

> *Pendant des années, Ulrich avait aimé la privation spirituelle. Il haïssait les hommes incapables, selon le mot de Nietzsche, « de souffrir la faim de l'âme par amour de la vérité » ; ceux qui ne vont pas jusqu'au bout, les timides, les douillets, ceux qui consolent leur âme avec des radotages sur l'âme et la nourrissent, sous prétexte que l'intelligence lui donne des pierres au lieu de lui donner du pain, de sentiments* [...] *qui ressemblent à des petits pains trempés dans du lait*[6].

Ulrich jetterait sans doute un regard sévère sur nos façons de penser. Car derrière notre méfiance à l'égard de la pensée scientifique et de ses conquêtes, se lit peut-être aussi notre pusillanimité à l'égard de la vérité en général et de ses conséquences. Voire un rejet psychologique de ce qu'Hannah Arendt appelait le « despotisme du vrai ».

6. « CONSPIRATIONS EN PLEIN JOUR »

> *« J'ai toujours honoré ceux qui défendent*
> *la grammaire et la logique. On se rend compte*
> *cinquante ans après qu'ils ont conjuré de grands périls. »*
>
> *Marcel Proust*

6. Robert Musil, *L'Homme sans qualités*, traduit par Philippe Jaccottet, Seuil, vol. I, 2004, chap. XIII, p. 67-68.

J'ai lu *1984* en 1984 (pure coïncidence temporelle, ou pour pouvoir écrire un jour cette phrase, je ne sais plus). Je me souviens encore de ma stupeur en découvrant cette implacable description du monde totalitaire, où *la vérité est toujours mise en question*. Non que les hommes politiques des régimes totalitaires aient l'apanage du mensonge. Mais dans l'univers décrit par Orwell, c'est la distinction même entre vérité et mensonge, entre vérité et fiction, qui devient superflue, dès lors qu'elle contrevient à des exigences d'utilité et de convenance. Le réel est sommé de se taire. Seul importe de maintenir la croyance collective dans la fable officielle.

Lorsque l'idée même de vérité est ainsi abrogée, c'est la notion de monde commun qui se trouve elle-même néantisée : l'échange devient impossible, qu'il s'agisse d'idées, de jugements, de sentiments ou d'émotions. La capacité de penser par soi-même est, elle aussi, abolie : répertoire de la langue réduit au minimum, lexique et syntaxe simplifiés à l'extrême, l'exercice de l'intelligence devient impossible. Tout argument contraire aux intérêts du pouvoir n'est pas seulement interdit, il ne peut même plus se former dans le cerveau des individus.

Dans de tels régimes, la notion d'information objective perd évidemment tout sens. L'histoire y est constamment réécrite en fonction des besoins du moment et les découvertes de la biologie, de la physique, peuvent être niées ou reformulées pour peu qu'on les juge inappropriées. Après la Seconde Guerre mondiale, alors que l'affaire Lyssenko battait son plein, le physicien russe George Gamow, installé aux États-Unis, résuma joliment les thèses de ceux qui, dans son pays d'origine, piétinaient la vérité scientifique pour affirmer l'hérédité des caractères acquis : « Quand un enfant ressemble à son père, ils disent que c'est en vertu des lois de Mendel ; quand il ressemble au facteur, ils disent que c'est un effet de l'environnement. »

Il y a quelques années, je pensais que seuls les pays sous la coupe d'un régime totalitaire, ou en passe d'y tomber, étaient concernés par cette menace. Je me demande désormais si je ne devrais pas réviser mon jugement. Certains épisodes récents, aux États-Unis ou en Europe, sont venus illustrer la nouvelle fragilité des vérités de science *dans des sociétés démocratiques*. Deux phénomènes se conjoignent dangereusement : d'une part, les vérités, scientifiques ou autres, peuvent y être victimes de ce qu'Alexandre Koyré appelait des « conspirations en plein jour[7] », c'est-à-dire de mensonges publiquement assénés ; d'autre part, l'on y use désormais sans vergogne de toutes sortes de stratagèmes intellectuels pour *ne pas accorder de crédit à ce que l'on sait*, si les implications théoriques ou pratiques de nos savoirs nous chagrinent, nous déplaisent ou nous embarrassent.

Il est beaucoup question de la « post-vérité », surtout depuis la campagne présidentielle de Donald Trump. Ce terme fut

7. Alexandre Koyré, *Réflexions sur le mensonge* [1943], Allia, 2004, p. 31.

en réalité introduit bien avant, dès 1992, par Steve Tesich, au lendemain de la guerre du Golfe, dans un pamphlet intitulé *The Wimping of America* (« La déroute de l'Amérique »). L'auteur y constate que le peuple américain, après les mensonges de Richard Nixon, en est venu à avoir peur de la vérité, toujours associée à des informations qui attristent ou déçoivent : « Nous ne voulons plus de mauvaises nouvelles, nous attendons donc du gouvernement qu'il nous protège de la vérité. » Mais s'il s'inspire de George Orwell, Steve Tesich ne confond pas post-vérité et mensonge totalitaire :

> *Tous les dictateurs jusqu'à ce jour ont travaillé à supprimer la vérité. Nous, par notre action, affirmons que ce n'est plus nécessaire, nous avons acquis un mécanisme spirituel qui peut priver la vérité de toute importance. En tant que peuple libre, nous avons décidé librement que nous voulions vivre dans un monde de post-vérité. Dans ce monde, nous sommes dorénavant privés de critères par lesquels nous pouvons évaluer les choses, de sorte que nous choisissons de voir la vertu dans la banalité. C'est tellement nul que c'est bien. Nous appliquons cette philosophie à tous les aspects de notre vie.*

L'on voit bien, aujourd'hui, comment le Président américain peut assez tranquillement dénigrer à coups de tweets compulsifs le contenu de rapports scientifiques qu'il n'a pas jugé devoir lire. Dès son arrivée au pouvoir, en 2017, n'avait-il pas clairement affiché la couleur en coupant l'herbe sous les pieds des scientifiques américains de l'Agence de protection de l'environnement ? La politique industrielle qu'il entendait mener, exagérément favorable aux énergies les plus polluantes, n'était pas compatible avec les arguments fournis par les résultats de la science. Entre l'intérêt de Donald Trump et la vérité, comme l'avait pressenti Hobbes, l'un des deux devait s'effacer.

Et tant pis pour l'humanité.

7. DE LA JOIE DE COMPRENDRE

« *Comprendre, c'est le reflet de créer.* »

Auguste de Villiers de L'Isle-Adam

Dans le texte de Nietzsche cité plus haut, il est un point qui me chiffonne. Il faudrait, écrit-il, donner à l'homme « deux compartiments cérébraux, l'un pour être sensible à la science, l'autre à ce qui n'est pas la science : *juxtaposés, sans empiétement, séparables, étanches* ». Il me semble au contraire que ces deux compartiments devraient interagir sans cesse, collaborer, s'exalter mutuellement. Réflexions, connaissances, émotions, tout doit pouvoir engendrer en un seul et même élan une sorte de fête de l'esprit : une affaire non pas de lampions, mais d'impétuosité, d'éclairs, d'insurrections dans la pensée.

Quiconque a fréquenté d'un peu près les questions scientifiques le sait : il y a un « érotisme des problèmes ». Avec son objectivité froide et silencieuse, la science moderne semble pourtant n'avoir rien à dire qui puisse toucher notre affectivité. C'est du moins ce qu'en pensent de nombreux philosophes, tels Edmund Husserl ou encore Simone Weil, qui écrit :

> *Depuis la Renaissance, la conception même de la science est celle d'une étude dont l'objet est placé hors du bien et du mal, surtout hors du bien, considéré sans aucune relation au bien. La science n'étudie que les faits comme tels. Or les faits, la force, la matière, isolés et considérés en eux-mêmes, sans relation avec rien d'autre, il n'y a rien là qu'une pensée humaine puisse aimer*[8].

Phrases terribles, mais peut-être inexactes, car elles passent sous silence la joie profonde, la joie singulière qui surgit dans l'esprit lorsqu'enfin il comprend ce qu'il cherchait à comprendre. Je me souviens comme si c'était hier de mes premières joies intellectuelles, au collège puis au lycée : une démonstration mathématique qui devient lumineuse ; un raisonnement abstrait, philosophique ou scientifique, qui fait mouche et éclaire ce à quoi il s'applique ; la réalisation d'une modeste expérience de physique, un circuit électrique élémentaire par exemple, avec quelques fils, une résistance, une capacité, un voltmètre, dont les résultats

8. Simone Weil, *L'Enracinement*, dans *Œuvres*, Gallimard, coll. « Quarto », 1999, p. 1187.

des mesures coïncident exactement avec ceux prévus par les calculs… Chaque fois, c'était une révélation doublée d'une jubilation. Comprendre, découvrir la clé d'un raisonnement ou d'une découverte, vérifier une loi physique élémentaire : voilà qui vous déplace, vous écarte de vos façons habituelles d'être au monde. Mine de rien, vous devenez d'un coup *quelqu'un d'autre*. Après un détour plus ou moins long, le réel, soudain, vous répond, vous fait signe.

Il est donc tout à fait possible de garder vivante l'émotion de la quête, y compris à propos de découvertes très anciennes : comme me le dit un jour Jean-Marc Lévy-Leblond, fort des observations astronomiques qu'il réalise chaque été avec ses petits-enfants, voir les satellites de Jupiter ou les anneaux de Saturne grâce à un petit télescope est autrement plus excitant que d'en apprendre l'existence dans un manuel, même illustré de beaux clichés. Car c'est alors un écho de l'émerveillement de Galilée que l'on sent pénétrer en soi, comme par intraveineuse.

Reste néanmoins une question, qui est la grande question : Comment élargir la rationalité pour qu'elle devienne généreuse, poétique, excitante, contagieuse ? Comment excéder l'application du seul critère d'exactitude ? Ces défis sont précisément ceux que nous, scientifiques, n'avons pas su relever : la science désormais semble triste, lointaine, complexe, étrangère. Un tel éloignement ouvre des boulevards au populisme scientifique, qui lui-même nous détourne de la science.

Ainsi se forment les cercles vicieux.

8. RÉPUBLIQUE ET CONNAISSANCES

« La sauvegarde de la vérité dépend moins de son affirmation réitérée que de la reconnaissance de ses limites. »
Max Horkheimer

« C'est en un temps où il lui fallait se réformer ou se briser que notre peuple, pour la première fois, recourut à la République. » Ainsi commence le discours du 4 septembre 1958 par lequel le général de Gaulle présentait la constitution de la Cinquième République. Il invitait le peuple à en faire – à *s'en* faire – un bien commun. « La République, poursuivait-il, est la souveraineté du peuple, l'appel de la liberté et l'espérance de la justice. »

La République est donc un milieu commun. Mais ce milieu commun n'est pas *au milieu*, il ne sépare pas : il est ambiant, ce qui est le propre d'un milieu. Et il n'est pas commun au sens de « ordinaire » : il est « transcendant », comme dirait sans doute Régis Debray.

Je n'ai pas les compétences permettant d'énoncer tout ce qu'implique la notion de République comme bien commun. Mais – sans trop céder, je l'espère, à l'*ultracrépidarianisme* – il me semble qu'il y a, entre autres, cette exigence : au sein de la République, les connaissances, notamment scientifiques, doivent pouvoir circuler à l'air libre, se répandre et s'enseigner sans rencontrer trop d'obstacles.

C'est une question de cohérence : les connaissances ont quelque chose de républicain au sens où elles sont

« affaire publique ». La République, à défaut d'être elle-même savante, accorde en effet à la connaissance une valeur propre et spécifique, une valeur qu'elle possède du seul fait qu'elle est une connaissance, même si elle n'a *a priori* pas d'applications pratiques. À ce titre, elle doit pouvoir être connue de tous, au moins en principe : ni le théorème de Pythagore, ni le second principe de la thermodynamique, ni la formule $E = mc^2$ n'appartiennent à quelqu'un en particulier. L'idée de République et la notion de connaissance sont donc intriquées par nature. Leur lien se trouve de surcroît renforcé par ce que Henri Bergson appelle la « politesse de l'esprit », cette sorte de souplesse intellectuelle qui rapproche les hommes et leur permet de s'épanouir en un monde commun et solidaire :

> *La politesse sous toutes ses formes, politesse de l'esprit, politesse des manières et politesse du cœur, nous introduit dans une République idéale, véritable cité des esprits, où la liberté serait l'affranchissement des intelligences et l'égalité un partage équitable de la considération.*

Problème : la science n'est pas facile à partager. De multiples causes, certainement toutes fondées, sont régulièrement avancées pour expliquer cette situation. J'en ajouterai une : aujourd'hui, à force de fabriquer de la fugacité, puis de la renouveler sans cesse, à force de promouvoir la vétille comme épopée du genre humain, les formes modernes de la communication se transforment en une vaste polyphonie de l'insignifiance. Dès lors, tout travail de discernement, de clarification, de transmission de ce qui est complexe, relève quasiment de l'héroïsme (« Aucune pensée n'est immunisée contre les risques de la communication », disait Theodor Adorno).

Comment refonder, dans un tel contexte, les conditions d'une meilleure diffusion des idées de la science ?

L'affaire est rendue délicate par le fait que circulent dans les mêmes canaux de communication des éléments appartenant à des registres très différents : connaissances, croyances, informations, opinions, commentaires, *fake news*… Immanquablement, leurs statuts respectifs se contaminent : comment distinguer une connaissance de la croyance d'une communauté particulière ? Une information, d'une *fake news* ? Dans les esprits se crée une confusion d'autant plus grande que le statut actuel des sciences est devenu ambivalent.

D'une part, en effet, la science nous semble constituer, *en tant qu'idéalité*, le fondement officiel de notre société, censé remplacer l'ancien socle religieux : nous sommes gouvernés, sinon par la science elle-même, du moins au nom de quelque chose qui a à voir avec elle. C'est ainsi que dans toutes les sphères de notre vie, nous nous trouvons désormais soumis à une multitude d'évaluations, lesquelles ne sont pas prononcées par des idéologues illuminés ou des prédicateurs religieux : présentées comme de simples jugements d'« experts », elles sont censées être effectuées au nom de savoirs et de compétences de type scientifique, et donc, à ce titre, impartiaux et objectifs. Un exemple ? Sur nos paquets de cigarettes, il est écrit non pas « Fumer déplaît à Dieu » ou « Fumer compromet le salut de votre âme », mais « Fumer tue ». Preuve qu'un discours scientifique portant sur la santé du corps a fini par détrôner un discours théologique qui, lui, aurait porté sur le salut de l'âme.

D'autre part – second versant de cette ambivalence –, la science, dans sa réalité pratique, est aujourd'hui questionnée comme jamais, contestée, mise en cause, voire marginalisée. Elle est objet de méconnaissance effective au sein de la société : qui sait en quoi consiste la radioactivité, ce qu'est au juste un OGM, où se trouvent les quarks, ce qui différencie un rétrovirus d'un virus ordinaire ? Dans le même temps, elle subit toutes sortes d'attaques, d'ordre philosophique, économique ou politique. La plus importante d'entre elles peut se résumer par un bel oxymore : « relativisme absolu ». Selon cette doctrine, si les sciences ont pris le pouvoir, ce n'est pas en raison d'un lien privilégié avec le « vrai », mais grâce à leur maniement d'arguments d'autorité, ou parce qu'elles seraient l'expression d'un parti-pris culturel. Les discours scientifiques ne seraient au bout du compte ni plus vrais ni plus faux que n'importe quels autres. En somme, « tout serait relatif ». Notons au passage que ce slogan, dont on se gargarise, entre en contradiction avec lui-même : si tout est relatif, la vérité de la phrase proclamant que « tout est relatif » est elle-même relative !

Cet argument logique a beau être imparable, il ne saurait suffire. Certaines questions ne peuvent plus être éludées : la science aurait-elle le monopole absolu du « vrai » ? Serait-elle la seule activité humaine qui soit indépendante de nos affects, de notre culture, de nos grands partis pris fondateurs, du caractère contextuel de nos systèmes de pensée ?

9. VOGUE RELATIVISTE

« La vérité, c'est en son nom maudit que nous nous sommes perdus. »

Jacques Derrida

En réaction contre les simplismes et les délires du scientisme, des thèses ont vu le jour qui s'en prennent à la science même, soit en remettant en cause sa légitimité et ses fondements, soit en contestant ses applications ou ses conséquences. De toute part, les questions fusent, aux allures de réquisitoire déguisé. Pourquoi vous, scientifiques, ne respectez-vous pas les autres formes de savoir, les autres démarches de connaissance ? D'où vient que vous vous attribuez le monopole du vrai, vrai parce que « vérifiable » ? Votre science n'est-elle pas finalement un récit parmi d'autres, une simple construction sociale ? Comment osez-vous prétendre vous référer à la rationalité alors que les jugements esthétiques et les préjugés métaphysiques imprègnent sinon votre démarche tout entière, du moins certaines de ses phases ? Et la légitimité dont vous vous réclamez est-elle fondée sur autre chose que sur des effets de pouvoir ?

Pour cautionner ce relativisme, l'on invoque parfois la théorie de la relativité, censée retourner la science contre elle-même puisque, selon Einstein, tout serait relatif. C'est un contresens. La théorie d'Albert Einstein devrait plus justement s'appeler « théorie des invariants », et son auteur a d'ailleurs regretté de ne pas l'avoir baptisée ainsi. Ne met-elle pas en avant des grandeurs qui, telle la vitesse de la lumière, ne changent pas quand on change de référentiel ? Un jour, un historien d'art soumit à Einstein le texte d'un article, « Le cubisme et la théorie de la relativité », prétendant démontrer l'évident cousinage entre le mouvement artistique et la théorie physique. À l'argument qu'il croyait imparable : cubisme et relativité autorisent « la simultanéité de plusieurs points de vue », Einstein prit la peine de répondre de façon circonstanciée :

L'essence de la théorie de la relativité a été comprise de façon incorrecte dans votre article, sans doute du fait de certaines tentatives de vulgarisation de la théorie, qui sont parsemées d'erreurs. En physique, quand il s'agit de décrire une suite donnée d'événements, on utilise presque toujours un seul système de coordonnées. La théorie dit seulement que les lois physiques qui régissent cette suite d'événements sont telles que leur forme ne dépend pas du système de coordonnées particulier qui a été choisi. Cette exigence n'a rien à voir avec la façon dont une situation unique, spécifique, est représentée : une multiplicité de systèmes de coordonnées n'est pas nécessaire pour sa représentation ; il suffit de la

> *décrire mathématiquement en relation avec un système de coordonnées, et cette représentation est alors équivalente à celle que l'on obtiendrait si l'on avait choisi un autre référentiel. Il en va tout autrement pour la peinture de Picasso. Notre façon de ressentir chacun de ses tableaux dépendant bien sûr de notre subjectivité personnelle, plusieurs points de vue différents doivent être sollicités pour appréhender son unité globale, mais ce fait n'a rien de commun avec la théorie de la relativité*[9].

La théorie de la relativité ne cautionne donc nullement les doctrines relativistes appliquées aux sciences. Cela ne retire rien à leur rayonnement, ni à leur puissance de séduction. Comment expliquer un tel engouement ? Interprétées comme une remise en cause des prétentions de la science, un antidote à l'arrogance des scientifiques, une critique des excès de la technoscience, ces doctrines font écho à un soupçon qui se généralise, celui de l'imposture. Lequel soupçon a l'immense mérite de légitimer une forme de désinvolture, de paresse intellectuelle. Dès lors que les sciences produisent des discours n'ayant pas plus de véracité que les autres, à quoi bon s'échiner à les comprendre, à se les approprier, à en tenir compte ? Il fait beau : franchement, il y a mieux à faire que de perdre son temps à apprendre la physique, la biologie, les statistiques ou l'épidémiologie…

9. Comme le rapporte Paul La Porte, « Cubism and Relativity, with a Letter of Albert Einstein », *Art Journal*, 25, n° 3, 1966, p. 246.

Pour autant, cela permet-il de dire, si l'on ne connaît rien à la théorie de la relativité, « Moi, Monsieur, je ne suis pas d'accord avec Einstein » ? Ou, à propos d'un virus ou de tel ou tel médicament : « Je ne suis pas médecin, mais je... » ? J'ai beau ne pas avoir une conception « scolaire » de la démocratie – tout citoyen a pleinement le droit de ne pas s'intéresser aux sciences –, je me demande s'il n'y a pas là comme un zeste d'outrecuidance.

10. LA SCIENCE DIT-ELLE LE « VRAI » ?

« En vérité, la vérité, il n'y a pas de vérité ! »
Jean-Claude Van Damme

C'est une vieille histoire. Le doute et la certitude forment un couple turbulent mais inséparable, dont les aventures taraudent la philosophie depuis ses origines : les lignes de démarcation entre ce qu'on sait, ce qu'on croit savoir, ce qu'on sait ignorer, ce qu'on ignore sans savoir qu'on l'ignore, n'ont cessé de hanter les philosophes. Socrate, Wittgenstein, Pyrrhon, Descartes... Avec quelle fièvre ont-ils ausculté les critères du vrai, chaque siècle apportant son lot de discussions et de remaniements ! Qu'entend-on par « certain » ? Ce qui a résisté à tous les doutes ? Ou ce dont on ne peut imaginer douter ? La vérité plane-t-elle au-dessus du monde, tapie en quelque empyrée inaccessible ? Ou est-elle déposée dans les choses mêmes, au sein du monde empirique ? Dans cette dernière hypothèse, les scientifiques peuvent-ils aller l'y chercher ?

Voilà d'inusables sujets de dissertation pour classes de terminale, devenus aujourd'hui d'une brûlante actualité. Car l'air du temps, en accusant la science de n'être qu'un récit parmi d'autres, l'invite à davantage de modestie. On la prie de bien vouloir gentiment « rentrer dans le rang » en acceptant de se mettre sous la coupe de l'opinion.

Mais dans le même temps (et c'est ce qui éclaire d'une autre manière l'ambivalence dont je parlais plus haut), on assiste à la soudaine prolifération de discours scientifiques aux accents triomphalistes. Voilà qu'une certaine biologie, tout imprégnée de thèses post-humanistes, prétend bientôt nous dire de façon intégrale et définitive ce qu'est vraiment la Vie. Que régulièrement, des physiciens théoriciens aux allures de cadre supérieur de chez Méphistophélès affirment être en passe de découvrir la « Théorie du Tout », c'est-à-dire rien de moins qu'une description exacte et totalisante de ce qui est.

Ainsi la science se trouve-t-elle tiraillée entre excès de modestie et excès d'enthousiasme. Rien d'étonnant à cela, puisque son rapport à la vérité est contradictoire : d'un côté, elle affirme avec assurance pouvoir l'atteindre ; de l'autre, elle se réclame du doute systématique. De l'extérieur, on a un peu de mal à suivre – forcément.

D'autant que l'association de la science et du doute incite à poser cette question : avons-nous le droit de contester ce que dit la communauté scientifique « officielle » en mettant en avant notre propre intuition, nos convictions personnelles, notre ressenti ? La dynamique de cette interrogation – au demeurant parfaitement légitime – tire parti de notre méfiance à l'égard de la notion de vérité, et aussi de la réputation de fragilité que nous lui accordons. Si bien que lorsqu'il s'agit de contester les diverses déclinaisons du « vrai », nous nous sentons pousser des ailes.

11. SCIENCES *VERSUS* RÉALITÉ

> « *S'il n'y avait pas de vérité, il ne serait pas vrai qu'il n'y a pas de vérité.* »
>
> *Lu sur un mur*

Un jour, lors d'un débat public dans le grand amphithéâtre de la Sorbonne, j'eus l'innocence de citer pour exemple de vérité scientifique avérée la rotondité de la Terre. Une philosophe professeure des Universités à qui on ne la fait pas m'a rétorqué le plus naturellement du monde : « Oui, mais on n'est pas à l'abri d'un nouvel Einstein qui nous démontrera qu'elle est plate… » J'avais beau savoir que les vérités scientifiques sont changeantes, que certaines peuvent même être définitivement abandonnées, le choc auditif fut violent. Ce que glissait au détour d'une phrase, dans un des lieux hautement symboliques de la transmission du savoir, cette enseignante adoubée de toutes parts, c'était tout simplement qu'il n'existe aucune vérité, hormis bien sûr celle consistant à affirmer que « la vérité n'existe pas » : toute vérité, qu'elle soit seulement entraperçue ou archi-démontrée, n'est que provisoire, celle que nous croyons tenir aujourd'hui n'est probablement qu'illusion. Nos théories scientifiques ? Malgré leurs succès, elles sont toujours susceptibles d'une remise en question radicale. L'observation des phénomènes ? Ce que voient et photographient depuis l'espace nos satellites, nos astronautes – cette terre apparemment ronde et plutôt bleue – n'est peut-être qu'un leurre, une chimère de rotondité. Que les deux viennent à converger – théorie, observation – ne dit strictement rien de la réalité. Qui sait ? Peut-être les morts de la Covid-19 sont-ils, tel le chat de Schrödinger, à la fois morts et vivants ? Je dois l'avouer : l'ultra-relativisme, lorsqu'il se hisse à de telles altitudes, me laisse pantois. D'ailleurs, sur le moment, je n'ai guère su quoi dire… D'autant que la référence faite à un « nouvel Einstein » m'avait elle aussi estomaqué. Car que fallait-il entendre ? Que si la Terre est aujourd'hui considérée comme ronde par nous autres humains, c'est seulement parce que nous ne disposons pas encore de la théorie géniale qui révélera qu'elle ne l'est point ? Il fallait y penser : notre intelligence bornée n'aurait pas encore atteint la lucidité conceptuelle qui lui permettra d'enfin reconnaître la platitude de notre planète (je n'ose plus dire « globe »). Quel suspense ! Mon impatience, je dois dire, est à son comble.

Reste que ce petit incident a eu le mérite de me pousser *a posteriori* dans mes retranchements : qu'est-ce que la science nous permet finalement d'affirmer à propos de la réalité ?

Albert Einstein expliquait son inusable motivation par un besoin irrésistible « de s'évader hors de la vie quotidienne, de sa douloureuse grossièreté et de sa désolante monotonie[10] » pour découvrir des « *vérités scientifiques* ». Selon lui, sans cette absolue conviction de l'existence d'une vérité sinon accessible, du moins envisageable, le ressort même de la recherche disparaît (personne ne désire passer sa vie à effectuer un travail à la Sisyphe). Mais cette vérité, à quoi le chercheur la reconnaît-il ? À la résistance sans faille de sa théorie – fruit de son long travail de recherche – au bombardement d'épreuves auxquelles la soumet un mélange de réalité et de collègues : expérimentations, observations, arguments, contre-arguments, multiplicité croissante des données. D'où son air tantôt satisfait (parce qu'à force de chercher, il obtient des résultats, fait des découvertes), tantôt humble (parce que toute avancée ouvrant un nouveau champ à la recherche, il ne peut jamais prétendre avoir bouclé son affaire).

Dans son élan même, l'activité scientifique a donc partie liée avec l'idée de vérité : c'est à la fois le moteur de sa quête et sa visée.

Pour autant, le lien science-vérité est-il exclusif ? C'est là que plusieurs thèses s'affrontent.

10. Albert Einstein, *Autoportrait*, Inter-Editions, 1980, p. 86.

Certains soutiennent qu'il n'y a pas d'autre saisie véritable du monde que la conception scientifique : le monde ne serait rien de plus que ce qu'en dit la science. Avec leur symbolisme purifié des scories des langues historiques, les énoncés scientifiques décrivent le réel. Les autres énoncés, qu'ils soient métaphysiques, théologiques ou poétiques, ne font qu'exprimer des idées, des émotions – ce qui est parfaitement légitime, et même nécessaire –, mais ne disent rien du monde. Il ne faut pas confondre les ordres.

Aux antipodes de cette conception dite « positiviste » (qui se déploie en de multiples variantes), d'autres considèrent que la vérité est surtout un mot creux, une pure convention. Elle ne saurait donc être considérée comme une norme de l'enquête scientifique, et encore moins comme le but ultime des recherches. Certains sociologues des sciences ont ainsi pu prétendre que les théories scientifiques tenues pour « vraies » ou « fausses » ne l'étaient pas en raison de leur adéquation ou inadéquation avec des données expérimentales, mais seulement en vertu d'intérêts purement sociologiques ou idéologiques. En clair, toutes nos connaissances doivent être considérées comme conventionnelles et artificielles. Il faut bannir l'idée qu'elles puissent avoir le moindre lien avec la réalité.

Que les chercheurs, à l'instar de n'importe qui, soient souvent gens partisans et intéressés, que leurs jugements soient souvent affectés par leur condition sociale, leurs ambitions ou leurs croyances, voilà une donnée empirique difficile à contester. Toutefois, en mettant en avant cet argument pour contester l'objectivité de la science, on sous-entend qu'une science objective implique nécessairement l'impartialité *individuelle* des scientifiques eux-mêmes. Qu'ils doivent tous accéder à une sorte de « point de vue de nulle part », se hisser au-dessus des passions, des croyances et des préjugés. C'est évidemment impossible. Les chercheurs ne sont pas impartiaux. On connaît par exemple leur peu d'empressement à mettre en avant les faiblesses de leurs théories ou de leurs raisonnements. Pour autant, faut-il en conclure que l'esprit scientifique, au sens idéal du terme, serait introuvable ? Que la prétendue objectivité de la science ne reflète qu'un rapport de force dans lequel le réel n'a pas son mot à dire ? Qu'en somme la physique, pour prendre cet exemple, en dit moins sur la nature que sur les physiciens ?

Nous vivons tous dans un océan de préjugés ; les scientifiques n'échappent pas à la règle. S'ils parviennent à s'en défaire dans leur domaine de compétence, ce n'est pas en purifiant leur propre intellect, ni en s'imposant une cure de désintéressement personnalisée, mais en adoptant *collectivement* une méthode critique qui permet de résoudre les problèmes grâce à de multiples conjectures et tentatives de réfutation. Une vérité scientifique n'est déclarée telle qu'à la suite d'un débat contradictoire ouvert, conduisant à un consensus. Ne nous méprenons pas : ce consensus n'est pas lui-même un critère absolu de vérité. Il dit ce qu'à un moment donné de l'histoire, la majorité d'une communauté accepte comme la bonne réponse apportée à une question bien posée.

En outre, il y a dans l'argumentation des relativistes les plus radicaux une dissymétrie problématique qui m'a toujours frappé. Prenons l'exemple de l'Histoire : toute contestation de la version officielle ou canonique doit elle-même s'appuyer sur l'Histoire, c'est-à-dire sur de nouvelles données historiques (archives, documents, témoignages). Autrement dit, cette contestation se fait toujours de l'intérieur même de la discipline. Mais la relativisation de la valeur de vérité des sciences dites « exactes », elle, ne se base presque jamais sur des arguments relevant de ces sciences. Elles s'appuient plutôt sur l'idée que la sociologie des sciences serait mieux placée pour évaluer la vérité des sciences exactes que les sciences exactes ne le sont pour évaluer la réalité du monde… « $E = mc^2$, dites-vous ? En 1905, à Berne, sans doute. Aujourd'hui, ailleurs, c'est à voir. »

Il est certes incontestable que la périphérie de la science et son contexte social influencent son développement. Nul n'ignore, par exemple, que des intérêts militaires ont contribué à l'essor de la physique nucléaire. De là à en déduire que de tels intérêts, à eux seuls, déterminent le contenu même des connaissances scientifiques, il y a un pas qui me semble un tantinet hardi. Imaginons qu'un jour, l'humanité décide de se débarrasser de toutes ses armes nucléaires : notre description des mécanismes de la fission de l'uranium ou du plutonium changera-t-elle soudain ? J'ai quelque peine à m'en convaincre.

12. L'EFFICACITÉ DE LA SCIENCE TIENDRAIT-ELLE DU MIRACLE ?

> « *Quand on a envie d'un miracle, il faut savoir attendre.* »
>
> *Günter Grass*

Si la physique quantique, pour ne prendre qu'un exemple, n'est qu'une simple construction sociale, il faudra m'expliquer par quelle succession de miracles on est parvenu à concevoir des lasers. Voilà des instruments qui ont été pensés, puis fabriqués, et qui fonctionnent : n'est-ce pas l'indice qu'il y a un peu de « vrai » dans la théorie physique qui les a inspirés ? La preuve rétrospective que Max Planck, Albert Einstein et consorts ont compris deux ou trois bricoles, non seulement sur eux-mêmes ou les schémas de pensée de leur époque, mais aussi sur les interactions entre lumière et matière ? Et le boson de Higgs, détecté en 2012, quarante-huit ans après que trois physiciens théoriciens ont prédit son existence : ses propriétés mesurées se sont révélées parfaitement identiques à celles qui avaient été préalablement calculées. En voilà une coïncidence !

Face au succès prédictif des théories physiques (j'entends, celles qui n'ont jamais été démenties par l'expérience, telles la physique quantique ou la théorie de la relativité générale), il me semble plus sérieux de concevoir qu'elles entrent en contact avec *quelque chose qui a à voir avec la réalité* (restons prudents !). En d'autres termes, ce sont d'excellentes théories effectives, au moins jusqu'à un certain point et jusqu'à preuve du contraire. Sans arguments complémentaires, nos affects, nos préjugés, nos intuitions ne sont guère fondés à les contester sur leur terrain de jeu.

La sociologie des sciences a toutefois raison d'insister sur un point : la façon dont la science se construit est largement influencée par le contexte. Les scientifiques sont d'ailleurs les premiers à le reconnaître. Revenons à Albert Einstein. Au tout début du XXe siècle, lorsqu'il mûrit ce qui deviendra la théorie de la relativité restreinte, il n'appartient à aucune université et il n'est pas chercheur ; il n'est qu'un employé de troisième classe au Bureau fédéral de la propriété intellectuelle à Berne. Perché sur un tabouret huit heures par jour, il est chargé de faire le tri, dans un monceau de projets, entre ceux qu'il estime réalisables et les autres. Cette modeste tâche le ravit, bien plus que ne saurait le faire un poste à l'université :

> *La rédaction des actes de brevets était pour moi une véritable aubaine. Ce travail m'obligeait à exercer mon esprit dans des domaines variés tout en m'offrant largement de quoi stimuler ma réflexion en physique. Avoir une activité professionnelle concrète est finalement une bénédiction pour quelqu'un comme moi. Une carrière académique condamne un jeune chercheur à une certaine production d'articles*

scientifiques. C'est là une incitation à la superficialité à laquelle seuls les caractères bien trempés peuvent résister[II].

Il se trouve qu'à l'époque, le grand défi technique est la synchronisation d'horloges à distance. Sorties de cerveaux en ébullition, les propositions de dispositifs défilent au Bureau des brevets, dont la plupart s'appuient sur les lois de l'électromagnétisme. À force d'étudier minutieusement les principes physiques de ces brevets potentiels, le jeune Einstein finit par se convaincre que quelque chose cloche dans le royaume de l'électromagnétisme et de son « éther luminifère » – ce milieu censé servir de support à la propagation de la lumière. Il en vient à douter que l'éther existe vraiment, et c'est ainsi qu'il est amené à révolutionner la description des liens entre l'espace et le temps.

Si elle procède incontestablement du coup de génie d'un individu doté d'une force de frappe tout à fait singulière, la genèse de la théorie de la relativité restreinte apparaît aussi comme l'écho élargi d'une préoccupation à la fois collective et d'ordre pratique. On peut donc affirmer que sa naissance doit beaucoup à ce contexte – autrement dit, qu'elle fut historiquement, socialement et culturellement engendrée. Mais en quoi cette théorie reste-t-elle corrélée aux horaires des trains ? Elle s'applique avec succès à tant de situations physiques différentes, fort éloignées des préoccupations d'un

II. Albert Einstein, *Œuvres choisies*, sous la direction de Françoise Balibar, Seuil/CNRS, 1989-1991, vol. 1, p. 16.

jeune employé de troisième classe en 1905, qu'elle semble au contraire s'être émancipée des conditions particulières de son apparition. Nul besoin de connaître sa genèse pour constater sa fécondité, son efficacité – et sans doute sa « véracité ». Tout cela n'incite-t-il pas à admettre qu'elle a bénéficié d'une sorte d'objectivation qui a transcendé le contexte social et historique de son apparition ?

Cela posé, le contexte peut aussi égarer les chercheurs. Dans sa leçon inaugurale au Collège de France, en 1971, Pierre-Gilles de Gennes met en garde ses collègues contre les effets de mode et les enthousiasmes prématurés. Parfois, explique-t-il, une équipe présente une nouvelle expérience ou une nouvelle théorie suggérant – sans toutefois l'établir totalement – l'existence d'un phénomène insoupçonné et fascinant. Par un processus d'emballement, le voilà aussitôt accepté, magnifié, étendu dans ses conséquences, alors même que sa base demeure incertaine. Cette déformation, poursuit le futur prix Nobel, peut être qualifiée d'« anamorphose », terme désignant la déformation d'une image par un système optique. Il en donne l'exemple que voici. À la fin des années 1960, une équipe de physico-chimistes annonce que l'eau, condensée dans des capillaires ultrafins, a des propriétés anormales : son point de fusion est modifié, ainsi que l'ensemble de ses caractéristiques. Tout se passe comme si l'on avait affaire à une « super-eau », plus compacte et plus stable que l'eau telle que nous la connaissons. Aussitôt, quelques théoriciens s'engouffrent dans la brèche : proclamant que cette phase nouvelle peut être déduite de leurs spéculations, ils proposent des formules. Toute une chaîne d'implications biologiques, médicales ou militaires est suggérée dans la foulée, incitant les grandes puissances à subventionner des recherches sur la « super-eau » pendant quelques années. Or, conclut Pierre-Gilles de Gennes :

> *Il est maintenant certain que cette forme anormale de l'eau n'existe pas et que les observations initiales pouvaient être interprétées par des effets classiques de dissolution et d'interfaces. Voilà donc un exemple typique d'anamorphose : il montre à quel point un mythe peut germer, croître et persister durablement au sein de la communauté scientifique.*

De tels exemples d'hallucinations collectives abondent dans l'histoire des sciences. En examinant le contexte dans lequel elles sont advenues, on s'aperçoit que systématiquement, la prétendue découverte vient combler une attente, légitimer un espoir, résoudre un problème. Il peut s'agir de restaurer le prestige national : en 1904, la découverte des éphémères « rayons N » constituait une revanche contre les Allemands, découvreurs des rayons X. De trouver une parade à une crise en cours : juste après la crise du pétrole de 1973, on crut pouvoir facilement détecter des gisements en envoyant des « avions renifleurs » survoler les zones potentiellement pétrolifères. De fonder scientifiquement une médication controversée : en 1988, la prétendue « mémoire de l'eau » venait à point nommé pour établir l'efficacité de l'homéopathie… Mais assez rapidement, l'enthousiasme initial laisse place à la désillusion. Preuve qu'il ne suffit pas de croire à l'existence d'un phénomène pour en établir la réalité.

La récurrence de tels errements permet-elle pour autant d'affirmer que les théories scientifiques ne sont que de simples conventions sociales établies par la communauté des chercheurs ? Non, puisque, justement, grâce au travail mené à l'intérieur même du champ scientifique, toutes ces baudruches ont fini par se dégonfler.

La morale de ces histoires rocambolesques est plutôt qu'il faut toujours se garder de conclure avec précipitation.

13. PRENDRE ENFIN ACTE DE CE QUE NOUS SAVONS

« L'idée de l'avenir est plus féconde que l'avenir lui-même. »

Henri Bergson

Il est urgent que nous cessions de nous raconter des histoires : nous allons devoir prendre vraiment au sérieux ce que nous savons depuis longtemps, mais faisions jusqu'à aujourd'hui semblant de ne pas croire.

Il va notamment falloir prendre à bras-le-corps la question de l'environnement, en ouvrant nos oreilles aux discours des chercheurs qui tirent le signal d'alarme depuis des années. Tous les indicateurs sont au rouge, répètent-ils. Toutes les projections sont inquiétantes, qu'elles concernent le changement climatique d'origine anthropique, la diminution des espaces de vie, la raréfaction des ressources, l'effondrement de la biodiversité, la pollution des sols, de l'eau et de l'air, ou encore la déforestation. D'autant que tous ces phénomènes se révèlent interdépendants : la pollution atmosphérique aggrave le changement climatique, qui accélère la déforestation et réduit la biodiversité, etc.

Mon ami François Cassingena-Trévedy, moine bénédictin de l'abbaye de Ligugé, a mieux résumé la situation que quiconque :

> *Les humeurs sécrétées par l'ère industrielle ont atteint désormais une masse et une efficacité suffisante pour que l'homme se découvre, ahuri, comme ce cinquième élément du monde, capable de déconcerter le jeu – l'harmonie – des quatre autres, que la cosmologie traditionnelle croyait imperturbables : l'homme, cette « quintessence », réalise sa faculté de conduire l'univers au chaos ; le conquérant, grisé par l'encens des thuriféraires qui lui prêtaient des attributs de monarque définitif, commence de concevoir que son épopée désinvolte puisse se réduire à un simple épisode dont des sédiments sans âge et sans âme conserveront à peine les fossiles*[12].

Nous savons désormais que nous ne pourrons pas nous abstraire du monde à notre guise. Non, l'humanité ne

12. François Cassingena-Trévedy, « Inferno », *Études*, octobre 2018, n° 4253, p. 89-90.

constitue pas une bulle à part ; non, elle ne saurait s'émanciper de la nature, puisqu'elle en fait partie. La Covid-19 vient de nous le rappeler, les grandes pandémies récentes et à venir sont des « zoonoses », c'est-à-dire des infections virales brisant la barrière inter-espèces pour se propager de l'animal à l'homme, et dont les bouleversements écologiques induits par l'activité humaine favorisent la diffusion.

Au lieu de nous réfugier sans cesse derrière une forme de scepticisme systématique, le plus souvent paresseux et démagogique, qui a pour seule vertu de cautionner notre procrastination, nous allons devoir prendre acte qu'en matière de sciences, tous les discours ne se valent pas. Si imparfaits soient-ils, ceux du GIEC, par exemple, ont le mérite d'être étayés, contrairement aux élucubrations d'un Donald Trump ou d'un Jair Bolsonaro.

Le coronavirus, dont on voudra bien ici m'accorder qu'il n'est pas une pure « construction sociale », nous poussera-t-il à relativiser notre relativisme ? À nous convertir à une « sagesse de bord de précipice » qui soit réellement informée, éclairée, argumentée ? Allons-nous, grâce à lui, tordre le cou à l'idée que les connaissances scientifiques sont par définition superficielles et arbitraires, qu'il ne faut y voir que de simples opinions collectives émanant d'une communauté particulière, et dépourvues de lien avec la réalité ?

14. LA FAUTE À GALILÉE ?

> « *Galilée a taillé un vêtement d'idées dans l'infinité ouverte des expériences possibles, mais il s'est comporté en couturier despotique : il a décrété que le réel ne portait pas d'autre vêtement que celui-là.* »
>
> *Edmund Husserl*

Entendons-nous bien : il ne s'agit pas d'applaudir la science à tout rompre, ni de régresser dans le scientisme. Même indirectement, la science a une part de responsabilité dans la situation que nous avons créée. Car avec l'émergence de la démarche galiléenne, l'homme s'est progressivement autonomisé par rapport à l'univers qui l'entoure, jusqu'à se considérer, René Descartes aidant, comme un être d'*anti-nature*. Non pas au sens où il serait opposé à la nature, mais où il participe d'une essence différente : il serait métaphysiquement *autre*.

Cette coupure-là a constitué un aiguillage discret, mais décisif, qui a orienté la suite de l'histoire : c'est avec Galilée que l'idée d'une nature considérée comme assemblage de corps matériels réellement séparé et fermé sur soi s'est véritablement imposée. En somme, la nature s'est séparée d'avec « le reste ». Le monde s'est comme dissocié. D'un côté, la nature, appréhendée sous le seul angle physico-mathématique ; de l'autre, l'homme, renvoyé à lui-même, à la solitude de sa raison et de ses affects.

Ainsi se résume la grande originalité de la pensée occidentale : aucune autre société humaine ne cohabite avec le monde non-humain (pris au sens large) sur le mode de la séparation. Les ethnologues et les anthropologues l'ont constaté depuis longtemps : nulle part ailleurs qu'au sein de l'Occident moderne, « les frontières de l'humanité ne s'arrêtent aux portes de l'espèce humaine[13] » . S'y trouvent inclus les plantes, les arbres, les animaux, bref tous ces « corps associés » que nous reléguons, nous, « dans une simple fonction d'entourage », n'y voyant que le décor de nos existences, des ressources disponibles, à portée de main.

Or, la pandémie de Covid-19 nous a montré que la nature conserve un pouvoir sur nous, un pouvoir impossible à contourner. Alors que des techno-prophètes annonçaient notre imminente libération des soucis liés à la matérialité de notre corps grâce aux nouvelles technologies, le petit coronavirus est venu cruellement nous rappeler notre « socle biologique ». Et pendant de longues semaines, au lieu de courir le monde et de nous rendre encore un peu plus « comme maîtres et possesseurs de la nature », nous avons dû sagement rester chez nous, nous confiner comme faisaient nos ancêtres.

Au terme de ce Tract, il est temps de tenter un bref bilan, forcément ambivalent, car la science présente un double visage : c'est *grâce* à la séparation que nous avons installée

13. Philippe Descola, *Par-delà nature et culture*, Gallimard, 2005, p. 15.

entre nature et culture que notre science est devenue si efficace et si conquérante ; mais c'est *à cause* de cette même séparation que la nature, finalement traitée comme si elle était à notre seule disposition, s'est peu à peu abîmée. Sans vergogne, nous l'avons marquée d'une empreinte irréversible, oubliant qu'elle était poreuse, réactive, non infinie, fragile.

Dès lors, faut-il suivre le philosophe Michel Henry, pour qui Galilée représente symboliquement l'« idéologie de la barbarie[14] » ? Je ne crois pas, car ce serait confondre les enseignements des sciences avec ce qu'ils rendent possible, c'est-à-dire « liquider l'esprit de la science au seul motif d'un mauvais usage du monde[15] ». Les ivresses de l'hybris nous ont conduits à nous croire « au-dessus de la nature » (à moins que ce ne soit l'inverse). Cette dernière nous rappelle aujourd'hui que nous en sommes partie intégrante, que notre essence n'est pas si transcendante. Cela posé, est-ce en renonçant aux avancées de la science ou en ultra-relativisant ses « vérités » que nous réparerons les dégâts que nous avons commis ? Est-ce avec la physique d'Aristote que nous stabiliserons le climat ? Avec la médecine d'Avicenne que nous parerons aux attaques du coronavirus et de ses successeurs ? Avec la biologie de Pline l'Ancien que nous préserverons la biodiversité ?

14. Michel Henry, *La Barbarie*, Grasset, 1987, p. 89.

15. Étienne Klein, *Galilée et les Indiens*, Flammarion, 2008, p. 21.

Plutôt que de délaisser l'idée de rationalité, il me semble plus judicieux de la refonder afin qu'elle ne puisse plus servir d'alibi à toutes sortes de dominations.

Car tel est le paradoxe de l'être humain : s'il est seul capable, par la science, de découvrir les lois dites « de la nature », il n'en est pas pour autant un être d'*antinature*.

ÉTIENNE KLEIN

PARIS, LE 2 JUIN 2020

REMERCIEMENTS

L'auteur tient à exprimer sa reconnaissance à *Chab* et à sa *Ontchitude*, sans oublier l'inénarrable *Cartouche de Toner* (comprenne qui pourra). Leur aide lui fut précieuse.

DANS LA COLLECTION « TRACTS/GALLIMARD »

N° 1 RÉGIS DEBRAY, **L'EUROPE FANTÔME**, FÉVRIER 2019
N° 2 ERRI DE LUCA, **EUROPE, MES MISES À FEU**, MARS 2019
N° 3 PIERRE BERGOUNIOUX, **FAUTE D'ÉGALITÉ**, MARS 2019
N° 4 FRANÇOIS GARDE, **LA POSITION DES PÔLES**, AVRIL 2019
N° 5 DANIÈLE SALLENAVE, **JOJO, LE GILET JAUNE**, AVRIL 2019
N° 6 CYNTHIA FLEURY, **LE SOIN EST UN HUMANISME**, MAI 2019
N° 7 SYLVIANE AGACINSKI, **L'HOMME DÉSINCARNÉ**, JUIN 2019
N° 8 FRANÇOIS SUREAU, **SANS LA LIBERTÉ**, SEPTEMBRE 2019
N° 9 HÉLÉ BÉJI, **DOMMAGE, TUNISIE**, OCTOBRE 2019
N° 10 ARTHUR DÉNOUVEAUX & ANTOINE GARAPON, **VICTIMES, ET APRÈS ?**, NOVEMBRE 2019
N° 11 RENÉ FRÉGNI, **CARNETS DE PRISON**, DÉCEMBRE 2019
N° 12 STÉPHANE VELUT, **L'HÔPITAL, UNE NOUVELLE INDUSTRIE**, JANVIER 2020
N° 13 DIDIER DAENINCKX, **MUNICIPALES. BANLIEUE NAUFRAGÉE**, FÉVRIER 2020
N° 14 ARUNDHATI ROY, **AU-DEVANT DES PÉRILS**, MARS 2020
N° 15 OLIVIER REY, **L'IDOLÂTRIE DE LA VIE**, JUIN 2020
N° 16 PATRICE FRANCESCHI, **AVEC LES KURDES**, JUILLET 2020
N° 17 ÉTIENNE KLEIN, **LE GOÛT DU VRAI**, JUILLET 2020
N° 18 PHILIPPE FOREST, **L'UNIVERSITÉ EN PREMIÈRE LIGNE**, SEPTEMBRE 2020
N° 19 NAJAT VALLAUD-BELKACEM & SANDRA LAUGIER, **LA SOCIÉTÉ DES VULNÉRABLES**, SEPTEMBRE 2020
N° 20 OLIVIER ASSAYAS, **LE TEMPS PRÉSENT DU CINÉMA**, OCTOBRE 2020
N° 21 RENAUD GIRARD & JEAN-LOUP BONNAMY, **QUAND LA PSYCHOSE FAIT DÉRAILLER LE MONDE**, OCTOBRE 2020
N° 22 DIDIER LESCHI, **CE GRAND DÉRANGEMENT**, NOVEMBRE 2020
N° 23 BARBARA STIEGLER, **DE LA DÉMOCRATIE EN PANDÉMIE**, JANVIER 2021
N° 24 FABRICE HUMBERT, **LES MOTS POUR LE DIRE**, FÉVRIER 2021
N° 25 ALESSANDRO BARICCO, **CE QUE NOUS CHERCHONS**, MARS 2021

GRAND FORMAT « TRACTS/GALLIMARD »

RÉGIS DEBRAY, **LE SIÈCLE VERT**, JANVIER 2020
JEAN-NOËL JEANNENEY, **VIRUS ENNEMI**, JUIN 2020
ALICE KAPLAN, **TURBULENCES, USA**, OCTOBRE 2020
DANIÈLE SALLENAVE, **PAROLE EN HAUT SILENCE EN BAS**, JANVIER 2021

HORS SÉRIE « TRACTS/GALLIMARD »

COLLECTIF, **TRACTS DE CRISE**, JUIN 2020

À l'heure du soupçon, il y a deux attitudes possibles. Celle de la désillusion et du renoncement, d'une part, nourrie par le constat que le temps de la réflexion et celui de la décision n'ont plus rien en commun ; celle d'un regain d'attention, d'autre part, dont témoignent le retour des cahiers de doléances et la réactivation d'un débat d'ampleur nationale. Notre liberté de penser, comme au vrai toutes nos libertés, ne peut s'exercer en dehors de notre volonté de comprendre.

Voilà pourquoi la collection « Tracts » fera entrer les femmes et les hommes de lettres dans le débat, en accueillant des essais en prise avec leur temps mais riches de la distance propre à leur singularité. Ces voix doivent se faire entendre en tous lieux, comme ce fut le cas des grands « tracts de la NRF » qui parurent dans les années 1930, signés par André Gide, Jules Romains, Thomas Mann ou Jean Giono – lequel rappelait en son temps : « Nous vivons les mots quand ils sont justes. »

Puissions-nous tous ensemble faire revivre cette belle exigence.

ANTOINE GALLIMARD

TRACTS

CE TRACT, COMPOSÉ EN TUNGSTEN ET CASLON,
A ÉTÉ ACHEVÉ D'IMPRIMER PAR NORMANDIE ROTO IMPRESSION S.A.S,
LE 24 FÉVRIER 2021, À LONRAI EN FRANCE SUR UN PAPIER CERTIFIÉ PEFC
PROVENANT DE FORÊTS DURABLEMENT GÉRÉES.

PEFC 10-31-2541
Certifié PEFC
pefc-france.org

DÉPOT LÉGAL : JUILLET 2020

N°ÉDITION : 395919

N°IMPRIMEUR : 2101080

TRACTS

L'air du temps, en accusant la science de n'être qu'une [illegible] l'invite à davantage de modestie. On la prie de bien [illegible] gentiment « rentrer dans le rang » en acceptant de se mettre sous la coupe de l'opinion.

ÉTIENNE KLEIN

—

La philosophie des Lumières défendait l'idée que la souveraineté d'un peuple libre se heurte à une limite, celle de la vérité, sur laquelle elle ne saurait avoir de prise : les « vérités scientifiques », en particulier, ne relèvent pas d'un vote. La crise sanitaire a toutefois montré avec éclat que nous n'avons guère retenu la leçon, révélant l'ambivalence de notre rapport à la science et le peu de crédit que nous accordons à la rationalité qu'il lui revient d'établir. Lorsque, d'un côté, l'inculture prend le pouvoir, que, de l'autre, l'argument d'autorité écrase tout sur son passage, lorsque la crédibilité de la recherche ploie sous la force de l'événement et de l'opinion, comment garder le goût du vrai – celui de découvrir, d'apprendre, de comprendre ? Quand prendrons-nous enfin sereinement acte de nos connaissances, ne serait-ce que pour mieux vivre dans cette nature dont rien d'absolu ne nous sépare ?

—

ÉTIENNE KLEIN EST PHILOSOPHE DES SCIENCES ET DIRECTEUR DE RECHERCHE AU COMMISSARIAT À L'ÉNERGIE ATOMIQUE ET AUX ÉNERGIES ALTERNATIVES (CEA), PRODUCTEUR DE L'ÉMISSION « LA CONVERSATION SCIENTIFIQUE » SUR FRANCE CULTURE. IL A ÉCRIT PLUS D'UNE TRENTAINE D'OUVRAGES.

JUILLET 2020

07-20 G04748 ISBN 978-2-07-291671-7